AF410997

QUELQUES IDÉES

SUR

LES FINANCES.

Les Exemplaires voulus par la loi ont été déposés.
Je poursuivrai tout contrefacteur ou débitant d'édi-
tion qui ne sera pas revêtue de ma signature.

QUELQUES IDÉES

SUR

LES FINANCES,

ET SUR

LES MOYENS

D'en réparer le désordre;

PAR M. NETTEMENT,

ANCIEN SECRÉTAIRE DE LÉGATION.

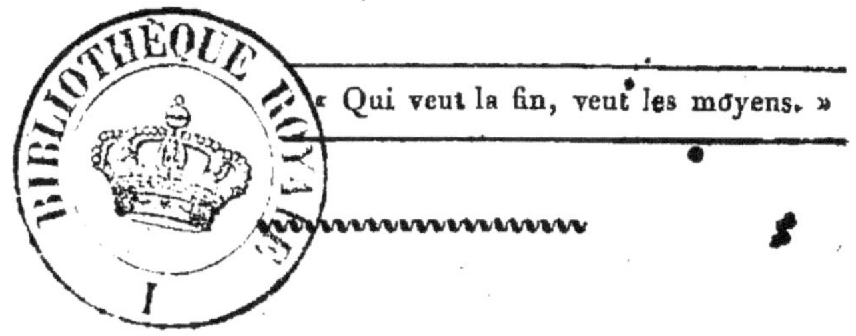

« Qui veut la fin, veut les moyens. »

A PARIS,

Chez
LEBÉGUE, Imprimeur-Libraire, rue des Rats, n° 14, près la place Maubert.

PETIT, Libraire, Palais-Royal, Galerie de Bois n° 257.

PILLET, Imprimeur-Libraire, rue Christine, n° 5.

AVERTISSEMENT.

L'ouvrage qui suit devait paraître dans les premiers jours de juin; mais le manuscrit ayant été transmis le 3 du même mois au Ministère des finances par la Direction-générale de la librairie, celle-ci ne l'a rendu à l'imprimeur que le 6 juillet. On jugera que l'auteur ne pouvait pas alors s'étayer de calculs positifs, en parlant de la dette énorme que Buonaparte *a léguée à la France*; et s'il a commis des erreurs à ce sujet, il résulte du rapport qui a été fait à la Chambre des Députés : on ne pourrait

pas les rectifier même aujourd'hui,
puisqu'il reste encore bien des docu-
mens à recueillir pour fournir à la
Législature un état exact de notre
malheureuse situation. L'auteur a
donc cru devoir livrer son manuscrit
à l'impression sans y rien changer.

AVANT-PROPOS.

On dit que la France est ruinée, que Buonaparte a englouti la fortune publique, et qu'il a laissé les finances de l'Etat dans un désordre presque impossible à réparer. Cela est vrai, et cela est faux. Cela est vrai, si la richesse d'une nation consiste uniquement dans le signe qui la représente. Cela est faux, si elle consiste essentiellement dans les produits du sol et de l'industrie. Ne désespérons de rien sous un Gouvernement réparateur, et prouvons au peuple que le bien peut naître de l'excès même du mal. Je demande une seule chose, c'est qu'on me lise sans passion et sans préjugé. Buonaparte a tari, il est vrai, tous les canaux de la fortune publique, mais il n'a emporté ni nos champs ni notre industrie. Faisons fleurir l'agriculture, ranimons l'industrie, et bientôt nous serons aussi riches qu'auparavant. Je ne viens point m'étayer d'abstractions ni de fausses théories; j'établis des principes et des maximes incontestables, et j'en tire des conséquences naturelles. Je prouve que le peuple est sauvé s'il veut être sauvé, et je demande seulement que notre Législature éclaire la Nation sur ses vrais intérêts, et j'offre à nos hommes d'État un grand exemple à imiter. Du moins ne pourra-t-on contester les résultats d'une longue expérience; et s'il ne nous manque que l'esprit public qui anime une nation voisine, que ce grand exemple nous serve de leçon. On ne prétendra sans doute pas que la prospérité de l'Angleterre soit fictive et illusoire; et même, dans ce cas, j'applaudirais encore plus à la sagesse de son Gouvernement et à cette confiance sans bornes qui naît de sa stabilité, en même temps qu'elle le consolide et le fortifie. En un mot, redevenons Français, aujourd'hui que la monarchie est assise sur son antique base. Voilà tout le secret du système dont je vais offrir le développement.

QUELQUES IDÉES

SUR

LES FINANCES,

ET SUR

LES MOYENS

D'EN RÉPARER LE DÉSORDRE.

Un Gouvernement a deux moyens de se procurer de l'argent, savoir : la voie des emprunts et celle des impositions. Je ne parle pas de celle des spoliations et des exactions, qui est la ressource des tyrans.

On ne peut recourir au premier moyen que dans les pays où le Gouvernement offre une grande garantie par sa stabilité, sa moralité et ses institutions, où la circulation est abondante, et où par conséquent l'intérêt est à un taux modéré. Il est donc aisé de concevoir

2

pourquoi Buonaparte disait chaque année à son Corps législatif, qu'il ne voulait pas recourir *à la voie désastreuse des emprunts.* Le fourbe savait bien que ce moyen, si praticable et si avantageux pour d'autres peuples, n'était pas en son pouvoir. On connaît la fable du renard et des raisins. C'est aussi pour la même raison, qu'il se récriait contre le papier-monnaie, dont l'émission suppose pareillement la plus grande confiance dans le Gouvernement et dans *sa stabilité.*

La voie des emprunts se confond elle-même en partie avec celle des impositions, attendu qu'on ne peut asseoir que sur l'impôt le paiement de l'intérêt annuel des sommes empruntées par le Gouvernement. Il s'ensuit que si un Etat a besoin d'un secours extraordinaire, il est plus avantageux et pour lui, et pour le peuple, de recourir, dans ce cas, à un emprunt libre, qui n'exige qu'une légère augmentation d'impôts, qu'à un véritable *emprunt forcé* non remboursable, si le secours extraordinaire dont le Gouvernement a besoin est levé *en totalité* sur tous les contribuables. Ainsi Buonaparte avait adopté le système de finances le plus ruineux et le plus vexatoire qui puisse peser sur une nation.

Chaque année il ajoutait à la masse énorme des impôts; et si, d'une part, le Sénat mettait des hommes à sa disposition, de l'autre, le Corps législatif le rendait l'arbitre de la fortune des citoyens. Du moins eût-il dû proportionner et soumettre ses dépenses à ses recettes. Mais ses prodigalités n'ayant point de bornes, il trouvait dans ses douanes, dans ses droits réunis et dans ses licences des moyens d'opprimer arbitrairement la Nation. Voulait-il enrichir un courtisan, récompenser de vils agens, il enflait à son gré le grand livre de la dette publique, et *diminuait ainsi le gage des véritables créanciers de l'Etat.* Avait-il besoin d'une avance extraordinaire, il mettait du papier sur la place; il vendait à vil prix les biens communaux, il créait des bons d'anticipation, et il précipitait ainsi l'Etat vers sa ruine, en encourageant le fléau de l'usure. Les cautionnemens, la caisse des pauvres, celle des invalides, de la marine, etc., etc., n'étaient pas même respectés : en un mot, il dévorait tout. Un semblable système, ou plutôt de tels désordres devaient nécessairement anéantir le crédit public, et appauvrir une Nation dont la fortune était sans cesse épuisée. De là la cause de la disparition du numéraire , qui était la seule valeur qu'on pût soustraire aux exactions du fisc. Il en résulta que l'argent, qui n'était qu'une valeur idéale, *la mesure des valeurs réelles*, devint une valeur positive, une marchandise dont on faisait impunément le monopole. En conséquence tout autre commerce, toute autre industrie furent étouffés, et les vrais canaux de la prospérité publique complètement taris. La richesse d'une Nation est un grand fleuve qui doit finir par s'épuiser, si ses sources ne sont pas toujours proportionnées au déchet de ses eaux, qui vont en serpentant fertiliser les terres.

L'argent est la mesure de cette richesse, le *medium* nécessaire à sa conservation et à son accroissement ; et le système de Buonaparte le faisait disparaître chaque jour de la circulation. Les recettes devaient donc diminuer, et la dette de l'État augmenter, puisque les dépenses ne faisaient que croître : il devait en résulter une suspension dans les paiemens, et elle eut lieu en effet. Croirait-on qu'un gouvernement qui ne payait personne, se soit avisé, pour sortir d'embarras, d'augmenter les impôts ? Ainsi on demandait quatre sous à un homme, *parce qu'il n'avait pu en payer deux.* On voulait qu'un rentier, un pensionnaire, qui ne recevaient rien, payassent des impositions doubles. L'or et l'argent devaient donc se raréfier de plus en plus ; et aulieu d'adopter des mesures sages *pour le rendre à la circulation,* on en demandait chaque jour davantage. Les agens du fisc, accoutumés à la routine qui leur avait été tracée, continuaient à se faire des ressources avec des bons sur des recettes *éventuelles,* qui n'avaient pour base que la misère publique, laquelle allait toujours croissant. Les agioteurs spéculaient sur l'avenir, et le véritable créancier sacrifiait son gage pour avoir tout au plus la moitié de sa créance. Pas de doute que les calculs des agioteurs ne fussent fondés *sur la confiance qu'ils avaient dans Buonaparte.* Ainsi, rigoureusement parlant, on ne leur doit rien, puisqu'ils ont joué, et qu'ils ont perdu la gageure. Ne peuvent-ils pas être considérés comme les complices d'un banqueroutier qui met du papier sur la place pour augmenter ses dettes, lorsqu'il est déjà en état de faillite ? Du moins ne peuvent-ils, *en conscience,* exiger d'un gouvernement réparateur qu'une somme égale à celle qu'ils ont payée ?

On prétend que dans ce désordre des finances, la dette de l'État, y compris les spoliations en tout genre, s'est accrue d'environ deux milliards en capital, ou cent millions de rentes. Tout à coup une révolution s'opère, Buonaparte est renversé, le Roi légitime remonte sur son trône, et sans lui avoir fait connaître ni le montant, ni la nature des dettes de l'usurpateur, on veut faire souscrire au nouveau Gouvernement l'obligation de les payer! Il est vrai, en principe, que si le Roi pouvait tout à coup rembourser deux milliards, ce mouvement imprimé à la circulation produirait les plus heureux résultats. L'État et la Nation y gagneraient également, et bientôt on verrait se r'ouvrir tous les canaux de la prospérité publique. Nous pouvons faire ici l'application de cette maxime si connue, *qui paie ses dettes s'enrichit.* → Mais où trouver ces deux milliards, lorsque la France est dans un état d'épuisement qui fait désespérer de son salut?

Où trouver de l'argent, lorsque les propriétaires eux-mêmes ne peuvent s'en procurer à un intérêt ruineux? Comment asseoir des impôts, lorsqu'il n'y a plus ni crédit public, ni commerce, ni industrie ni consommation ? Qu'on rétablisse donc la circulation, si l'on veut que les choses reprennent leur cours ordinaire. Quoi ! lorsqu'on ne peut atteindre les capitalistes, qui seuls ont accru ou conservé leur fortune, qui seuls ont de l'argent, et qui le dérobent à la circulation , appesantira-t-on le joug sur les propriétaires dont les revenus n'ont fait que décroître ? Ne sait-on pas qu'une masse énorme des biens territoriaux est engagée pour le quart ou moitié de sa valeur, et exigera-t-on d'un malheureux propriétaire la moitié de ses revenus , lorsque *la totalité* peut à peine lui suffire pour payer la rente de 6, 7, 8 et 9 pour cent qu'il doit à ses créanciers hypothécaires ? Ne s'ensuivra-t-il pas nécessairement un bouleversement dans les fortunes , et une funeste dépréciation dans la valeur des terres, qui est déjà réduite à près de moitié, par le haut prix de l'argent ? Comment, dans un tel désordre, asseoir l'impôt sur une base légale et productive ? En un mot , quel remède à tant de maux, et comment sortir de ce chaos ?

Dans le temps de la plus grande prospérité de la France , on fut épouvanté d'un déficit de 56 millions dans les recettes. Le mal parut incurable, (parce qu'on voulait faire une révolution) et l'on eut recours aux assignats. Le remède était infaillible , mais on en abusa......

Aujourd'hui on ose à peine sonder la profondeur de l'abîme, et la ruine des finances de la France a aussi été une des causes de la chûte de Buonaparte. Cet homme , qui a trop longtemps étonné le monde , ne savait bâtir que sur du sable. Aussi s'est-il trompé en finances comme il s'est trompé dans tout le reste. Tout son talent consistait à ajouter impôts sur impôts , taxes sur taxes , et quand il en avait assis pour un milliard, il disait, *j'ai un milliard à dépenser*. Buonaparte prenait ainsi l'effet pour la cause. Cependant, par ses lois et par ses décrets, il ruinait les propriétaires, il détruisait le commerce, il étouffait l'industrie, il tarissait, en un mot, tous les canaux de la fortune publique. Il a le premier ressenti les effets de son système dévastateur, et il ne trouvait plus d'argent, parce que tout le monde était ruiné , et la suspension des paiemens ne faisait qu'augmenter le mal.

C'est une maxime incontestable en économie politique, que la *richesse réelle* d'une nation consiste dans les produits du sol, du commerce et de l'industrie, et que l'or et l'argent ne sont que le *signe représentatif* de ces valeurs. Buonaparte, foulant aux pieds ces principes, qui sont la base de la prospérité des Etats, ne connaissait d'autre fortune que l'or et l'argent, et il avait poussé la stupidité jusqu'à déclarer, dans ces derniers temps, l'or et l'argent marchandises, et à sanctionner l'usure. De là plus de consommation, plus de main-d'œuvre, plus de commerce, parce que le signe des échanges avait tout à fait disparu. La prospérité toujours croissante de l'Angleterre, loin de l'éclairer, n'avait servi qu'à l'aveugler de plus en plus. La haine et l'envie sont de mauvais conseillers, et Buonaparte ne prenait conseil que de ses passions. Ainsi il affichait le plus grand mépris pour le papier-monnaie, parce que ce signe avait servi à élever au plus haut degré la fortune publique de l'Angleterre.

Ce fut en effet dès l'an 1694 que l'Angleterre jeta ainsi les fondemens de sa richesse. Elle calcula que le *signe monétaire* était un moteur puissant, qui pouvait seul donner la vie au corps politique. Elle sentit que plus la circulation serait abondante, plus les ressources de l'Etat augmenteraient ; et la banque d'Angleterre fut fondée. En 1797 une grande crise menaça cet établissement, et M. Pitt eut le courage de faire sanctionner le fameux bill portant suspension des remboursemens *en espèces*. Tout le monde sentit la nécessité de maintenir une circulation abondante et proportionnée aux richesses mobiliaires et immobiliaires de la Nation, qui en étaient le gage. Une longue pratique a justifié cette sage théorie de M. Pitt, et il est mort trop tôt pour sa gloire. Les choses sont encore en cet état, et c'est avec ce levier magique que l'Angleterre a lutté si longtemps et avec tant de succès contre l'oppresseur des Nations (1).

---

(1) Ce fut le Directoire exécutif qui mit, en 1797, le Gouvernement anglais dans la nécessité de recourir à une mesure qui, contre toute attente, a élevé à un si haut degré la puissance de nos anciens rivaux. On avait fait fabriquer secrètement une quantité considérable de faux billets de la banque d'Angleterre, et l'on espérait que leur émission simultanée porterait un coup mortel au crédit public de l'Angleterre. L'alarme se répandit bientôt à Londres, et les porteurs de vrais billets se hâtèrent d'aller les échanger contre des espèces. La foule augmentait chaque jour, et bientôt les avenues de la Banque se trouvèrent obstruées au point

D'autres Etats sur le Continent ont aussi eu recours au papier-monnaie, dont le gage repose également *sur la fortune publique*. Nos voisins ont ainsi sagement calculé que la ra-

---

qu'il ne fut plus possible de rétablir la confiance ainsi ébranlée. Le péril était imminent, et le contre-coup allait se faire sentir dans tous les coins de l'Angleterre, où le crédit des Banques provinciales reposait principalement sur celui de la Banque de Londres. Encore quelques jours, et c'en était fait du crédit public, qui allait disparaître avec la circulation. M. Pitt, jugea que la crise était trop violente, pour recourir à des palliatifs; et pour prévenir la ruine de toutes les fortunes, il ne balança pas à faire sanctionner par le Parlement le cours forcé du papier monnaie. Mettons à la place de ce grand ministre un homme qui n'eût eu ni son courage, ni son génie, et une terreur panique glaçait dans un instant le corps politique qui la veille étaient plein de vie. Malheur aux nations qui sont gouvernées par des hommes qui ne calculent la fortune publique que par le nombre des sacs d'or qu'un gouvernement insatiable entasse dans ses offres. Tel était le préjugé introduit en France par Buonaparte, préjugé qui était devenu une maxime pour tous ceux à qui il confiait l'administration de ses finances, et qui les aveuglait au point que chaque année ils venaient féliciter le grand Empire sur son état prospère, lorsqu'un petit nombre d'hommes sensés le voyait marcher à grand pas vers sa décadence. Malheureusement ce faux système avait ébloui et les créanciers de l'État, et les banquiers, et les usuriers, et les agens du fisc, qui tous fa aient consister

reté du signe *monétaire* étant à la fois un symptôme et une cause de décadence, il fallait y suppléer par un signe *fictif* qui remplirait le même but. Il en résultait d'ailleurs

---

la science des finances dans l'addition des nombres, sans daigner même examiner si les vraies sources de la prospérité publique se maintenaient au moins aussi abondantes et aussi pures : certes, ils n'y regardaient pas de si près ; et si quelques ruisseaux se trouvaient épuisés par leurs exactions, ces obstacles, loin de les ramener à des idées plus saines, ne faisaient qu'irriter la soif qui les tourmentait.

Si M. Pitt eût raisonné comme nos financiers français, il eût dit : Il faut réduire la circulation à moitié, au tiers, ou même au quart, plutôt que de compromettre le crédit de la Banque. Il vaut mieux cesser de payer l'intérêt de la dette, les pensions, les traitemens, et même les subsides ; il vaut mieux occasionner une suspension générale dans les paiemens, pourvu qu'il y ait assez d'or pour retirer, s'il le faut, tous les billets de la circulation ! N'est-ce pas là mot pour mot votre système, financiers français ? et puis-je faire l'éloge de M. Pitt, sans exposer au grand jour toute votre ineptie ? Ce grand ministre, qui connaissait les avantages qui résultaient et pour l'État et pour les particuliers d'une circulation abondante, et qui avait fondé sur cette base son système de finances, juge que tout est perdu, si cette vraie source du crédit public se trouve tout à coup tarie ; et il fait adopter le cours forcé des billets de

une grande économie, eu égard à l'achat des matières et à leur fabrication. Mais il n'entre pas dans notre plan d'exposer les avantages d'une mesure dont les résultats *ne peuvent*

---

banque. Depuis – lors la fortune et le crédit publics n'ont fait que croître en Angleterre ; et quoique, depuis dix-sept ans, il n'ait été pris aucune mesure relative à l'extinction ou au remboursement des billets, la confiance est toujours la même. Les guinées ne valent toujours que vingt et un shellings, et vingt et un shellings en papier font *le même office* qu'une guinée, parce que l'un et l'autre ne sont qu'un signe représentatif, une mesure indispensable des valeurs. Il était réservé à l'Angletterre de trouver ainsi, sans la chercher, cette pierre philosophale qui a été l'objet de tant d'expériences qui ont conduit à d'autres découvertes. Un pays essentiellement commerçant a appris par de grands et d'utiles résultats, qu'il en était du signe monétaire comme des mesures de poids, de capacité et de longueur ; et que la vraie fortune d'une nation consistait dans *la chose représentée*, et non dans le signe. Il en est résulté une augmentation progressive de richesses réelles, occasionnée par ce *medium* intarissable. Le papier-monnaie a même ce grand avantage, que personne n'est jamais tenté de le soustraire à la circulation ; et, sous ce rapport, une nation ne peut que gagner à s'en servir, puisqu'elle fait beaucoup plus d'affaires, et qu'ell gagne en outre tout ce qu'il lui en coûterait pour acheter des métaux, et pour les faire fabriquer. Il est évident qu'en faisant sanctionner par le parlement le cours forcé des billets

BIBLIOTHÈQUE ROYALE

être contestés, et il est même probable que Buonaparte y aurait eu recours, si sa puissance, aulieu de se consolider, n'eût pas chaque jour penché vers son déclin.

Il est constant, en effet, qu'il n'y a qu'un Gouvernement *immuable*, tel que celui qui est enfin rendu à la France, qui puisse, et par sa moralité, et par ses vues paternelles, inspirer assez de confiance pour accréditer un signe monétaire sous la forme de *papier-monnaie*, et lui imprimer le mouvement *concurremment avec les espèces d'or et d'argent*. Il est également certain que la France est sauvée, et que la grande tâche qu'on a

---

de banque, ils étaient par-là même garantis par la fortune publique, qui imprimait à leur valeur nominale une valeur positive; en sorte qu'il ne devait en résulter aucun dérangement dans les relations au dedans ou au dehors. Il est même arrivé que le cours du change n'a presque point souffert de cette mesure; et que s'il est aujourd'hu à 20 p. $\frac{0}{0}$ de perte, cela provient uniquement des remises énormes que l'Angleterre a été obligée de faire pour le paiement des subsides aux puissances alliées, ainsi que pour la solde et l'entretien de ses troupes. D'ailleurs on sait qu'aujourd'hui même les denrées en tous genre sont *moins chères* à Londres qu'à Paris, ce qui prouve plus que tous les raisonnemens en faveur du système adopté par l'Angleterre.

prétendu imposer au Roi est remplie, si l'on rétablit la circulation par une émission de *papier-monnaie, strictement* proportionnée aux besoins de l'État et de la Nation.

Une longue résidence en Angleterre m'a mis à même d'asseoir quelques idées sur cette branche importante de l'administration, et voici de quelle manière (en dépit des préjugés) j'ai conçu la possibilité d'arriver à ce but, aussi désirable pour le monarque que pour le peuple.

Je pars toujours de ce principe incontestable, que le Prince n'est riche que de la fortune de ses sujets, et que si le corps tombe en dissolution, la tête ne peut en retirer aucun suc. La France a été saignée *jusqu'au blanc*, et dans l'état de consomption où elle se trouve, il faut lui rendre une partie du sang qu'elle a perdu, *si on veut qu'elle renaisse*. Ne perdons pas de vue que Buonaparte voyant l'Etat ainsi épuisé, n'avait plus d'autre ressource que celle des emprunts *forcés* et des spoliations, et que déjà les capitalistes (qu'il avait trop favorisés) craignaient, avec raison, que leurs coffres-forts ne devinssent sa proie.

La fortune publique consiste dans la

masse des propriétés mobiliaires et immobiliaires d'une nation, et dans leurs produits.
L'impôt *est la quantité de ces produits* qui
est prélevée chaque année pour les besoins
de l'Etat, et chacun doit y contribuer selon
sa fortune. La monnaie *est le signe* qui sert
à payer l'impôt, et si elle manque, il ne s'en
suit pas que la source des productions terri-
toriales et industrielles soit tarie ; au contraire, il en résulte bien plutôt un engor-
gement qu'une absence de *valeurs réelles* (1) :
ainsi la circulation est aussi nécessaire aux
vrais propriétaires, qu'elle l'est au Gouvernement, qui ne peut, sans ce *medium* indispensable, percevoir aucun impôt.

---

(1) Il faut seulement observer que si, *au lieu de
remédier au mal*, on laisse le signe monétaire se raréfier de plus en plus, une nation ainsi gouvernée doit
finir par perdre *sa fortune réelle*. C'est ainsi que Buonaparte avait réussi à faire fermer tous les ateliers,
voulant réduire à la misère le peuple de Paris et des
principales villes, pour forcer cette classe industrieuse
à courir aux armes. Ainsi c'en était fait de nos manu-
factures, si on eût continué à exiger de l'argent de ceux
qui n'en avaient pas, et le haut prix de la main d'œuvre,
suite nécessaire du défaut de circulation, eût fait disparaître insensiblement et *les produits du sol*, et *ceux
de l'industrie*.

Je suppose donc que dans l'état de crise où nous sommes, le Gouvernement ait besoin d'un milliard ou plus, il rendra un service signalé à toute la nation, si, en payant les dettes et les dépenses *courantes*, il met cette somme dans la circulation *sous la forme d'un papier-monnaie*. Quelle sera la garantie de ce signe ? La foi du Prince, la loi et *la fortune mobiliaire et immobiliaire de la France.* Comment asseoir cette garantie ? Le voici :

Tout le monde sentira qu'une pareille émission, en facilitant les échanges (qui sont tout à fait paralysés), fera bientôt sortir la fortune publique de l'abîme où elle paraît ensevelie ; tous y gagneront, et le débiteur, et le créancier, et le propriétaire des terres, et le négociant, et le marchand, et l'artisan. Ainsi pas de doute que par la suite, les impôts ne soient payés avec la plus grande exactitude. J'ai dit que la nation serait elle-même garante du remboursement effectif de ce papier-monnaie, et pour cet effet, je propose qu'il soit statué, 1º que l'extinction de ce papier-monnaie aura lieu graduellement dans l'espace de vingt années; 2º que chaque contribuable paiera chaque année, *en sus de sa contribution*, une somme proportionnée à sa quote-part, de celle qui sera nécessaire pour l'extinction du premier vingtième ; 3° que cette extinction aura lieu dans une proportion arithmétique croissante , de manière qu'*en supposant* que l'émission soit d'un milliard , il sera éteint un an après l'émission ; savoir :

La première année...	4,761,904 fr.	76 c.
La deuxième année...	9,523,809	52
La troisième.........	14,285,714	29
La quatrième.........	19,047,619	5
La cinquième.........	23,809,523	82
La sixième..........	28,571,428	57
La septième.........	33,333,333	33
La huitième.........	38,095,238	09
La neuvième.........	42,857,142	86
La dixième..........	47,619,047	62
La onzième..........	52,380,952	38
La douzième.........	57,142,857	14
La treizième.........	61,904,761	90
La quatorzième......	66,666,666	67
La quinzième........	71,428,571	43
La seizième.........	76,190,476	19
La dix-septième......	80,952,380	95
La dix-huitième......	85,714,285	71
La dix-neuvième.....	90,476,190	48
La vingtième et dernière.	95,238,095	24
Somme égale......	1,000,000,000.	00

On concevra facilement que j'ai adopté la base d'une progression arithmétique croissante, dans la vue de rendre *moins sensible* la part que chacun aura à fournir pour arriver au terme des vingt années. D'ailleurs l'effet de cette mesure sera de rendre progessivement la santé au corps politique, *vires acquirit eundo*, et les paiemens seront ainsi proportionnés à ses forces : enfin ce plan obtiendra la sanction publique, par les effets salutaires qui en résulteront ; et je suis certain que bientôt le numéraire viendra se confondre dans la circulation avec le papier-monnaie ainsi accrédité. En effet, c'est encore là le moyen le plus efficace et le moins arbitraire de forcer ceux qui cachent l'or et l'argent, à les rendre à leur vraie destination.

Je conçois que les usuriers et les prêteurs d'argent, et peut-être quelques agens de Buonaparte, chercheront à exciter des clameurs contre une pareille mesure. On sait que l'égoïsme est leur loi suprême, et tout gorgés que sont ces derniers des prodigalités de leur maître, non contens qu'on les laisse jouir d'une fortune mal acquise, ils s'opposeront à toute mesure qui paraîtra salutaire.

Mais qu'ils indiquent donc un remède plus efficace pour guérir les plaies de l'Etat! Au reste, un Gouvernement sage et protecteur méprise de vaines clameurs, et va droit à son but. Le plan dont il s'agit est proposé pour le salut de tous; il ne blesse les droits de personne; chacun n'y contribuera qu'en proportion de ses moyens; il rendra la vie à l'agriculture, au commerce et à l'industrie; il détruira le fléau de l'usure, et il offrira à un Gouvernement régénérateur un moyen infaillible de remédier au désordre des finances : il doit donc au moins être pris en considération.

Je n'ai pas besoin d'observer combien ce plan offre d'avantages et même de solidité, *si on le compare avec le système monétaire de nos voisins*, et je ne doute pas que bientôt le crédit public n'en ressente sensiblement les effets. C'est ainsi que notre bien aimé Monarque fera descendre sur son peuple la rosée céleste qui lui méritera de plus en plus nos bénédictions, notre confiance et notre amour.

APPENDIX.

Lorsque M. Pitt fit sanctionner le cours forcé des billets de banque, il n'y avait dans la circulation aucun billet au-dessous de 10 l. sterl. Il fallut donc pour suppléer à la rareté des espèces, les remplacer par un signe monétaire d'une valeur proportionnée aux besoins ordinaires de la consommation ; et la banque mit en émission des billets de 5, 3, 2 et 1 l. sterl. Les couronnes ou écus, les shellings et demi-shellings, et la monnaie de billon continuèrent à avoir cours pour les appoints. La guinée elle-même ne fut reçue dans la circulation que pour sa *valeur nominale*. Il est certain que M. Pitt n'eût pas atteint le but qu'il se proposait, s'il eût été permis d'assigner aux denrées un prix en argent et un prix en papier. Puisqu'il s'agissait de l'intérêt de tous, la mesure devait être égale et invariable, autrement le gage de la fortune publique eût été livré à la cupidité des agioteurs.

Ainsi, pour arriver au même résultat, il

faudra nécessairement suivre la même marche. Ce sera au Gouvernement et à la Législature de déterminer. et la dénomination (on pourrait les appeller *billets de France*), et la forme, et la valeur numérique des billets. L'émission en sera strictement subordonnée aux besoins réels de l'Etat et de la circulation , puisque ce sera un *don gratuit* que la Nation fera au Gouvernement, et dont elle recueillera elle-même le fruit. On ne pourra, sous aucun prétexte , établir une distinction entre le papier-monnaie et les espèces d'or et d'argent. Les lingots seuls auront un cours déterminé par le plus ou le moins de demandes des métaux précieux considérés *comme marchandise* , et pour prévenir la refonte des monnaies, il sera porté les peines les plus sévères contre ceux qui oseraient, par cet infâme trafic, attenter aux droits du Prince et à la fortune publique. Les billets auront donc un cours forcé , et seront reçus dans toutes les transactions comme argent comptant. La Banque de France continuera ses opérations d'escompte indifféremment avec ces billets , comme avec les espèces d'or et d'argent. On sent que cette émission sera favorable *aux banquiers eux - mémes* , par le mouvement qu'elle imprimera à toutes les opérations du commerce. On fera circuler concurremment une grande quantité de monnaie d'argent et de billon pour les appoints. Il faudra interdire, sous les peines les plus sévères, le transport hors du royaume de l'or et de l'argent, même en lingots, jusqu'à ce que le taux des changes soit assez favorable pour faire lever cette restriction relativement aux lingots. Je sens qu'un pareil plan fera une grande sensation, surtout chez les étrangers, qui nous considèrent comme une nation absolument ruinée. Mais pourquoi ne pas profiter d'une science qu'ils ont si bien mise à profit? Ah! si le Gouvernement de Sa Majesté a le courage d'adopter cette mesure, nous verrons bientôt les billets de France jouir du même crédit que les billets de la banque d'Angleterre (quand je dis que les Billets de France jouiraient du même crédit que ceux de la Banque d'Angleterre, je pense que cette assertion ne pourra être contestée par personne. Il serait même facile de démontrer que l'avantage serait nécessairement en faveur de la France, qui, indépendamment de la solidité du gage qu'elle offrira aux porteurs de ses billets, aurait déjà

résolu *le grand probléme de leur écoule-
ment progressif*, tandis que l'Angleterre est
toujours incertaine sur le plan qu'elle adop-
tera pour le remboursement des siens. On sait
en effet que les discussions qui ont eu lieu
au parlement pour la révocation du *Bill de
suspension*, n'ont eu jusqu'à présent aucun
résultat, et tout ce qu'on a dit et écrit sur
cette matière n'a servi jusqu'à présent qu'à
faire naître des difficultés qui sont encore
loin d'être résolues); et les Anglais, loin
d'en être jaloux, applaudiront à la sagesse
du Roi et aux idées libérales de la Législa-
lature. Il n'est pas en effet de l'intérêt d'une
nation florissante que ses voisins soient pauvres (1).

———————————————————

(1) Ce n'est pas pour se procurer de l'or et de l'argent que les nations commercent entre elles, mais bien
pour augmenter leurs *jouissances réelles* par des échanges
réciproques ; et le signe monétaire ne sert qu'à mesurer
la valeur respective de ces échanges. Chaque État a des
productions et un genre d'industrie *qui lui sont propres*,
et c'est en échangeant *le superflu* de ses denrées, qu'un
pays obtient une part proportionnée aux produits des
autres pays ; d'où il suit, que si une nation n'avait que
de l'or, elle serait pauvre, parce que l'or est une valeur
conventionelle *qui ne produit rien*. D'où il suit également
ment qu'une nation ne pouvant échanger que *son*

Mais, dira-t-on, c'est du papier-monnaie, et le peuple s'accoutumera-t-il à cette idée? Je réponds que le peuple sera toujours docile à la voix de ses *vrais représentans*, et que s'il est reconnu que la mesure est à la fois sage et indispensable, elle ne trouvera de contradicteurs que parmi des hommes dont le témoignage, au moins très-suspect, ne sera pas d'un grand poids. D'ailleurs, le peuple en sentira bientôt tous les avantages, et il ne lui sera pas difficile de concevoir que l'impôt progressif frappera principalement sur les riches.

La plus forte objection est celle qu'on pourrait tirer d'une augmentation dans le prix des denrées, et cette objection n'est qu'un sophisme. En effet, les biens fonds et les denrées de toute espèce augmenteraient à peu près dans la même proportion, si l'on mettait un milliard d'*espèces* dans la circula-

---

superflu, elle ne peut jamais perdre par le commerce, puisqu'elle gagne réellement tout ce qu'elle reçoit en échange de son superflu, d'où il suit enfin que ce qu'on appelle *balance du commerce*, est un mot vide de sens, une vraie chimère, puisqu'un peuple ne peut rien devoir à un autre peuple, si l'équilibre s'établit nécessairement sur la quantité de denrées, *qu'ils peuvent* échanger réciproquement.

tion, et les valeurs *réelles* remonteraient à leur niveau. Ainsi une propriété foncière se vendra, *comme autrefois*, au denier trente, et nul ne sera lésé (1). Il en sera de même des

---

(1) Il est bien constant que les propriétés n'ont diminué de valeur qu'à cause de la rareté de l'argent. Ainsi un particulier, qui était *in bonis*, lorsqu'il a emprunté 50,000 francs sur une propriété qui en valait 100,000, serait ruiné *dans l'état actuel des choses*, s'il fallait qu'il vendît sa propriété 50,000 francs. Il est évident que ce débiteur serait lésé *de moitié*, et que son créancier recevrait une valeur *double* de celle qui lui était strictement due. Il suit de cette observation qu'une émission de papier-monnaie, sagement combinée avec les besoins de la circulation, ne léserait les droits de personne, et qu'au contraire la balance deviendrait égale entre le débiteur et le créancier, tandis qu'aujourd'hui elle penche infiniment trop en faveur de ce dernier. Ainsi c'est non-seulement la politique, mais aussi la sévère justice, qui commande cette mesure. Ou bien il est du devoir d'un Gouvernement sage et équitable de venir au secours des malheureux débiteurs qui sont opprimés par un Code aussi impitoyable que son auteur.

En effet, celui qui m'a prêté 50,000 francs sur une propriété qui en valait 100,000, n'a pas entendu, dans aucun cas, exiger de moi 100,000 francs; et si la *mesure des valeurs* a été dénaturée par un Gouvernement barbare et oppresseur, un prêteur n'a pas le droit de profiter de cet abus du despotisme. Si l'aune et les poids ont été diminués *de moitié*, faudra-t-il donc que je

marchandises qui restent encombrées dans
les magasins, des objets d'arts qui n'ont plus
aucune valeur, et de toutes les productions
quelconques. En un mot, les choses repren-

---

rende *le double* de la marchandise que j'ai reçue ? Mais
je vous ai prêté de l'or, dira l'avide créancier, et
j'exige que vous me rendiez *la même valeur*? Voilà
certes l'argument dans toute sa force. Je réponds :
« Vous m'avez prêté des pièces d'or ayant cours *comme
« mesure des valeurs*, et je vous rends une monnaie
« légale, qui remplit la même destination. Si vous
« m'aviez prêté un arpent de terrain à la charge de
« vous le rendre après un certain laps de temps, comme
« cette valeur n'aurait pu croître ni diminuer entre mes
« mains, ni se perdre ou se détériorer dans la circula-
« tion, je vous rendrais de fait et de droit la même va-
« leur identique. Mais vous m'avez prêté une chose
« que ni vous ni moi ne voulions garder, une *valeur*
« *morte* ne produisant rien que par le mouvement, et
« je l'ai jetée naturellement dans la circulation. Or il
« est arrivé que cette valeur morte a disparu *par une*
« *cause majeure*. Dans ce cas, pouvez-vous exiger de
« moi autre chose que l'*équivalent*, puisque ce n'était
« pas un *dépôt* que vous m'aviez confié ? Vous m'aviez
« prêté 5o,ooo francs dans une monnaie qui portait
« avec elle son propre gage, et je vous rends la même
« somme dans une monnaie *dont le gage repose sur la*
« *fortune publique*. Il ne dépendait pas de moi d'empê-
« cher que votre or ne disparût, et lorsque le crédit
« public et la circulation ont été détruits, vous ne pou-

dront leur équilibre naturel, et tout le monde y gagnera, sans qu'il soit causé aucun préju-dice à personne. Je demanderai d'ailleurs s'il n'y aurait pas de plus grands inconvéniens

---

« vez vous arroger le droit de tirer avantage d'un dé-
« sastre qui a pesé et dû peser *sur tous*. Au contraire,
« votre propre intérêt vous commande, et comme cré-
« ancier, et comme capitaliste, d'accréditer une mon-
« naie fictive sans laquelle votre débiteur ne peut abso-
« lument remplir ses engagemens envers vous. Quelle
« est la classe qui a le plus souffert de cet état de choses,
« ou celle des créanciers, ou celle des débiteurs ? Tout
« le monde avouera que ce sont les derniers. Vous de-
« vez donc encore moins leur disputer l'avantage qu'ils
« pourront recueillir d'une circulation plus abondante,
« et dont vous partagerez avec eux le bienfait. Si vous êtes
« créancier de l'État, n'êtes vous pas le premier inté-
« ressé à voir la confiance renaître, et avec elle l'abon-
« dance, qui est la vraie richesse d'une Nation ? »

Quelques personnes prétendent que la cause de la disparition du numéraire vient du discrédit qui a fait resserrer l'argent, et non de la disette ou du manque *réel* d'espèces. Or, s'il y a disette réelle, il faut néces-sairement y suppléer par un *medium* quelconque ; et si le numéraire *n'est qu'enfoui, raison de plus* pour hâter l'émission d'un signe représentatif. Il ne s'agit, en effet, dans ce dernier cas, que de rétablir le crédit public, et la circulation d'un papier-monnaie atteindrait bien plus promptement et plus sûrement ce but, que de l'or même et de l'argent *qui pourraient encore disparaître*, tandis

à faire banqueroute, et à rester dans l'état de ruine et de misère où nous sommes plongés? Je demanderai si ce sont les créanciers de l'Etat (y compris les pensionnaires, les ren-

---

que le papier aurait son cours naturel ; et une fois la confiance et le mouvement rétablis, on finirait par ne pas attacher plus de prix au numéraire qu'à la monnaie fictive. L'or et l'argent seraient alors rendus à leur destination naturelle, parce qu'on ne pourraît plus en faire le monopole ; et ce n'est qu'en les faisant ainsi reparaître, que le Gouvernement pourra successivement opérer la refonte des espèces pour qu'elles soient frappées au coin du légitime Souverain, mesure également indispensable.

Je n'ai rien dit du désavantage qui résulterait pour la France de l'état d'épuisement où elle se trouve, aujourd'hui que les relations commerciales vont reprendre leur activité. Il est certain que nous lutterons toujours inutilement, tant que notre circulation ne sera pas proportionnée à notre richesse réelle, et la *concurrence* ne pourra jamais s'établir que par des *mesures égales* qui donneront nécessairement *les mêmes résultats*. QUI VEUT LA FIN, VEUT LES MOYENS. La rareté des espèces est la source et le principe du mal, et dire que la confiance et le crédit public feront reparaître l'argent, c'est mettre l'effet avant la cause. Les espèces ne reparaîtront que lorsqu'on n'aura plus aucun intérêt à les cacher, et on n'aura plus aucun intérêt à les cacher *lorsqu'elles seront abondantes*. C'est donc faire un cercle vicieux que de faire dépendre l'abondance de la circulation de la renaissance du crédit public. Moins nous aurons d'argent, moins nous aurons de richesses réelles, et moins un Etat a de richesses réelles, moins il a de

tiers et les salariés de chaque ministère), les manufacturiers, la classe industrieuse du peuple, les propriétaires et les fermiers, ruinés par les réquisitions, les marchands, les

---

crédit. On ne disconviendra pas que l'Angleterre ne fût très-riche à l'époque où M. Pitt fit sactionner par le Parlement le cours forcé du papier-monnaie. Eh bien ! si ce grand homme d'État n'eût pas eu recours à cette mesure, l'Angleterre perdait tout son crédit en perdant sa circulation, et elle eût perdu ensuite sa fortune réelle.

Comme des hommes plus instruit que moi vont s'occuper du travail des finances, je pense qu'ils prendront en considération la nécessité où se trouve la France de mettre sa circulation au niveau de *sa fortune réelle*, aujourd'hui que ses relations vont reprendre leur activité. Si le papier-monnaie de nos voisins est bon, *pourquoi le nôtre serait-il mauvais ?* Et si les billets de la banque d'Angleterre avaient cours en France, pourquoi nos billets n'auraient-ils pas cours en Angleterre ? Cependant tout le monde sait que les billets de la banque d'Angleterre ont cours partout, au moyen des effets de commerce, et qu'ils font à l'extérieur le même office qu'à l'intérieur, sans que le cours des changes en soit sensiblement altéré au désavantage de l'Angleterre. Il est évident que la balance serait égale, si nous avions, comme autrefois, une circulation de quatre à cinq milliards en numéraire, et une circulation double en effets de commerce. Mais puisque tout cela a disparu,

négocians, et même les banquiers justement
accrédités, qui exciteront des clameurs contre
une mesure qui sera profitable à tous? Et
l'armée, que Buonaparte a si indignement sa-
crifiée, et dont il a dévoré la solde, comment
la paiera-t-on, si l'on ne fournit pas au Roi
les moyens d'acquitter cette dette sacrée? Je
le répète, il n'y a que des égoïstes ou des
ennemis d'un Gouvernement réparateur, ou
enfin quelques usuriers méprisés, qui pourraient chercher à exciter des rumeurs popu-
laires contre un pareil système. Mais enfin il
faudra à des raisons opposer des raisons, et
non des clameurs. J'ai établi des principes,
posé des maximes, et j'en ai tiré des conséquences. Qu'on me combatte donc par les
mêmes armes. Au surplus je ne prétends pas
avoir dit des choses nouvelles, et j'ai voulu
seulement encourager des hommes plus ins-
truits que moi en matières de finances, à
donner à mon plan la perfection dont il peut

---

n'ayons pas la ridicule présomption de faire mieux que
nos voisins, et n'inspirons pas la pitié, lorsque sous
l'égide d'un Gouvernement stable et d'une législation
protectrice, nous pouvons enfin recouvrer le sentiment
de nos forces.

leur paraître susceptible, bien certains qu'ils
seront d'accord avec moi sur les principes.
Je soumets donc ce faible essai et à la sagesse
du Gouvernement, et à l'opinion publique,
et aux lumières des Représentans de la
Nation.

P. S. J'apprends que le Budjet a été présenté
hier à la Chambre des Députés. Tant mieux, si l'on
propose une cure radicale, et si l'on a pour objet
de rendre l'argent à la circulation, et de détruire
le fléau de l'usure ; et tant pis, si l'on ne veut faire
que des essais et attendre des temps meilleurs. Ce
n'est pas sur des espérances qu'on peut fonder le
crédit d'une nation ; et la confiance est détruite, si
le Gouvernement paraît incertain dans sa marche.
Timeo Danaos et dona ferentes!

FIN.

www.ingramcontent.com/pod-product-compliance
Lightning Source LLC
LaVergne TN
LVHW011410170726
843501LV00006B/2130
9782329655406